Alpha

Podręcznik Uczestnika Kursu Alpha jest oparty na książce *Życiowe Pytania*
Nicky Gumbel

Tytuł oryginału:
The Alpha Course Manual

Przekład:
Damian Dekowski
Redakcja:
Stanisława Iżyk-Dekowska

Skład:
Szymon Karbowski

Pierwsze wydanie 1996
Drugie wydanie 2000
Trzecie wydanie 2004
Czwarte wydanie 2006
Dodruk 2008
Piąte wydanie poprawione 2009
Dodruk 2011
Szóste wydanie 2015

ISBN: 978-83-60452-27-1

Cytaty biblijne zaczerpnięto:
Pismo Święte Nowego Testamentu i Psalmy - Przekład Ekumeniczny na Trzecie Tysiąclecie,
Towarzystwo Biblijne w Polsce, Warszawa 2001
Pismo Święte Starego i Nowego Testamentu - Biblia Tysiąclecia,
Wydawnictwo Pallotinum, Poznań 2002

ul. Ks. B. Markiewicza 1, 01-493 Warszawa
tel. +48 22 746 32 68
e-mail: biuro@alphapolska.org
alpha.org/polska

Spis treści

WITAMY NA ALPHA

ALPHA TO SERIA INTERAKTYWNYCH SESJI, W TRAKCIE KTÓRYCH SWOBODNIE ROZMAWIAMY NA TEMAT PODSTAW WIARY CHRZEŚCIJAŃSKIEJ.

Ten podręcznik przedstawia w zarysach treść piętnastu wykładów, z których każdy porusza inny aspekt wiary chrześcijańskiej. Po każdym wykładzie przewidziany jest czas na dyskusję w małych grupach. Można wtedy zadawać pytania, drążyć różne zagadnienia i dowiedzieć się co myślą inni.

To jest Twój notatnik, zatem korzystaj z niego według uznania. Zapisuj, notuj, rysuj... Znajdziesz mnóstwo miejsca.

Notatki:

Sesja 1

Czy jest w życiu coś więcej

Jak Ty odbierasz chrześcijaństwo?

- **Nudne?**
- **Nieprawdziwe?**
- **Nieistotne?**

W sercu chrześcijańskiej wiary jest osoba Jezusa Chrystusa

1. DROGOWSKAZ DLA ZAGUBIONEGO ŚWIATA

- Pytania dotyczące życia:
  - czy moje doświadczenie życia to już wszystko?
  - czy jest coś jeszcze, coś więcej?
  - co robię na ziemi?
  - jaki jest sens życia?
  - dokąd zmierzam?

JEZUS POWIEDZIAŁ: „JA JESTEM DROGĄ."

2. RZECZYWISTOŚĆ W ZAGMATWANYM ŚWIECIE

Czy jest ważne to, w co wierzymy?

- Prawda – zrozumiała intelektualnie
- Prawda – doświadczana jako relacja

JEZUS POWIEDZIAŁ: „JA JESTEM PRAWDĄ."

3. ŻYCIE W MROCZNYM ŚWIECIE

- Stworzenie na obraz Boga
- Upadek w grzech
- Przebaczenie w Chrystusie

JEZUS POWIEDZIAŁ: „JA JESTEM ŻYCIEM."

Jezus powiedział: „Ja jestem drogą i prawdą, i życiem”

(JAN 14,6)

- **Nudne?** Jezus prowadzi do pełni życia
- **Nieprawdziwe?** Jezus twierdzi, że Sam jest prawdą
- **Nieistotne?** Jezus może przemienić całe nasze życie

LEKTURA

Dlaczego Jezus?
Nicky Gumbel
Stowarzyszenie Alpha Polska
ISBN 978-83-60452-07-3

Sesja 2

Kim jest Jezus

Czy Jezus istniał?

- Materiał dowodowy spoza Nowego Testamentu:
  - Tacyt i Swetoniusz, historycy rzymscy
  - Józef Flawiusz, historyk żydowski
- Materiał dowodowy zawarty w Nowym Testamencie

Skąd wiemy, że to, co zostało napisane nie uległo zmianie w ciągu wieków?

STAROŻYTNE PISMA

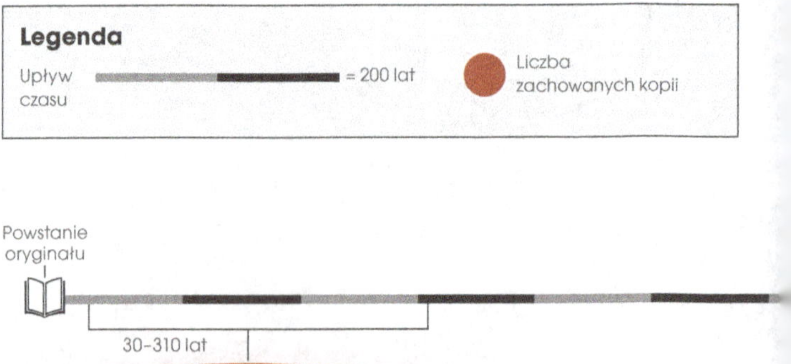

NOWY TESTAMENT

Zachowane kopie:

5 000 greckich

10 000 łacińskich

9 300 w innych językach

DZIEŁO	**DATA POWSTANIA**	**NAJSTARSZA KOPIA**	**UPŁYW CZASU**	**LICZBA KOPII**
HERODOT	488–428 p.n.e.	900 n.e.	1 300 lat	8
TUKIDYDES	460–400 p.n.e.	900 n.e.	1 300 lat	8
HISTORIA RZYMU LIWIUSZ	59 p.n.e.–17 n.e.	900 n.e.	900 lat	20
WOJNA GALIJSKA CEZAR	58–50 p.n.e.	900 n.e.	950 lat	9–10
TACYT	100 n.e.	1100 n.e.	1 000 lat	20
NOWY TESTAMENT	40–100 n.e.	130 n.e. (350 n.e. pełne manuskrypty)	30–310 lat	5 000 grec. 10 000 łac. 9 300 in.

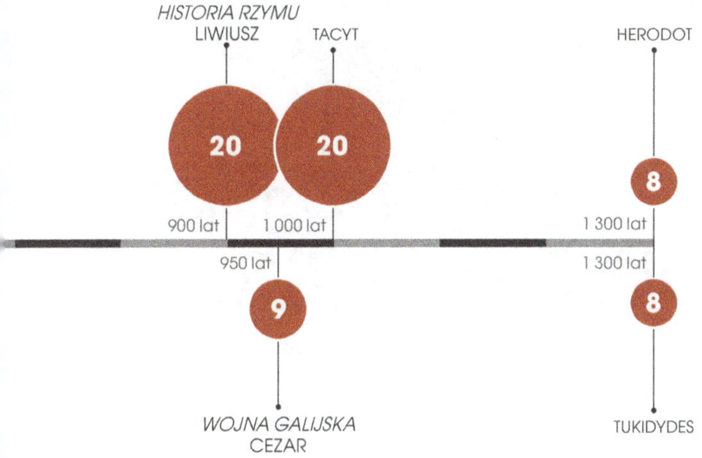

Czy Jezus był w pełni człowiekiem?

- Posiadał ludzkie ciało
  - męczył się (Jan 4,6)
  - odczuwał głód (Mateusz 4,2)

- Miał uczucia
  - gniew (Marek 11,15–17)
  - miłość (Marek 10,21)
  - smutek (Jan 11,32–36)

- Miał ludzkie doświadczenia
  - pokusa (Marek 1,13)
  - nauka (Łukasz 2,46–52)
  - praca (Marek 6,3)
  - posłuszeństwo (Łukasz 2,51)

Czy był kimś więcej niż człowiekiem, wybitną postacią, nauczycielem religijnym?

(MATEUSZ 16,13-16)

....

....

....

....

1. CO MÓWIŁ SAM O SOBIE?

- **Nauczanie skupione na sobie**
  - „Ja jestem chlebem życia" (Jan 6,35)
  - „Ja jestem światłością świata" (Jan 8,12)
  - „Ja jestem zmartwychwstaniem i życiem" (Jan 11,25–26)
  - „Ja jestem drogą, prawdą, i życiem" (Jan 14,6)
  - „Przyjdźcie do Mnie" (Mateusz 11,28–29)
  - „Pójdźcie za Mną" (Marek 1,17)
  - „Kto Mnie przyjmuje, przyjmuje Tego, który Mnie posłał" (Mateusz 10,40; Marek 9,37)
  - „Kto Mnie zobaczył, zobaczył także Ojca" (Jan 14,9)

- **Deklaracje pośrednie**
  - przebaczanie grzechów (Marek 2,5)
  - sądzenie świata (Mateusz 25,31.32.40.45)

- **Deklaracje bezpośrednie**
  - Mesjasz (Marek 14,61–62)
  - Syn Boga (Marek 14,61)
  - Syn Boży (Jan 20,26–29)

C. S. Lewis, Autor *Opowieści z Narnii* oraz wykładowca historii Uniwersytetu Oxford, napisał:

„Gdyby ktoś, kto jest tylko człowiekiem, mówił takie rzeczy jak Jezus, nie byłby wielkim moralnym nauczycielem." Byłby albo szaleńcem, albo „diabłem z piekła rodem." „Musimy dokonać wyboru" - pisze. Albo Jezus był i jest Synem Boga, albo był szaleńcem lub kimś złym, ale - kontynuuje Lewis - „Nie wychodźmy z tym protekcjonalnym nonsensem, że to wielki, ludzki nauczyciel. On nie pozostawił nam co do tego cienia wątpliwości. Nie zamierzał. Stajemy przed tą przerażającą alternatywą. Albo Jezus był (i jest) dokładnie tym, za kogo się podawał, albo też był szaleńcem lub kimś gorszym." Dla C. S. Lewisa wydaje się oczywiste, iż nie był On ani szaleńcem, ani kimś złym i dlatego kontynuuje: „Jakkolwiek dziwne, przerażające czy nieprawdopodobne może się to wydawać, zgodzić się muszę z poglądem, iż On był i jest Bogiem."[1]

....

....

....

....

....

2. JAKIE SĄ DOWODY NA POPARCIE TEGO CO MÓWIŁ?

- Nauka
- Czyny (Jan 10,37–38)
- Charakter
- Wypełnienie proroctw Starotestamentalnych
- Zwycięstwo nad śmiercią

3. JAKIE SĄ DOWODY NA ZMARTWYCHWSTANIE JEZUSA?

- **Pusty grób**
- Teorie:
  - Jezus nie umarł (Jan 19,33–34)
  - uczniowie wykradli ciało
  - władze wykradły ciało
  - złodzieje zabrali ciało (Jan 20,1–9)

- **Jego obecność wśród uczniów**
- Halucynacje?
- ukazywanie się
  - co najmniej 11 razy
  - ponad 500 osobom
  - w ciągu 6 tygodni
- sposób ukazywania się (Łukasz 24,36–43)

- **Natychmiastowy skutek**
  - narodziny i rozwój chrześcijańskiego Kościoła

- **Trwanie tego skutku przez wieki**
  - doświadczenie chrześcijan w ciągu wieków

LEKTURA

Życiowe Pytania
Nicky Gumbel
Stowarzyszenie Alpha Polska
ISBN 978-83-60452-54-7

Sesja 3

Dlaczego Jezus umarł

Dlaczego krzyż jest symbolem chrześcijaństwa?

„Tak bowiem Bóg umiłował świat, że dał swego Jednorodzonego Syna, aby każdy kto w Niego wierzy, nie zginął, ale miał życie wieczne"

(JAN 3,16)

1. PROBLEM

„Wszyscy zgrzeszyli ..." (Rzymian 3,23).

- Skutki grzechu:
  - zanieczyszczenie grzechem (Marek 7,20–23)
  - moc grzechu (Jan 8,34)
  - kara za grzech (Rzymian 6,23)
  - oddzielenie spowodowane grzechem (Izajasz 59,2)

....

....

....

2. ROZWIĄZANIE

- „Samozastępstwo Boga” (1 Piotra 2,24)
- Śmierć Jezusa na krzyżu (Izajasz 53,6)

3. SKUTKI

- **Oczyszczenie ...**
  - z grzechu
  - „Jego to Bóg ustanowił narzędziem przebłagania przez wiarę, dzięki Jego krwi” (Rzymian 3,25)
  - (1 Jana 1,7)

- **Wolność ...**
  - od mocy grzechu
  - „Odkupienie, które jest w Jezusie Chrystusie” (Rzymian 3,24)

- **Wyzwolenie ...**
  - od kary za grzech
  - „usprawiedliwieni darmo, z Jego łaski” (Rzymian 3,24)

- **Pojednanie ...**
  - oddzielenie od Boga usunięte
  - „W Chrystusie był Bóg” (2 Koryntian 5,19)

On umarł za ciebie i za mnie (Galatów 2,20).

LEKTURA

Chrześcijaństwo po prostu
C.S. Lewis
Media Rodzina
ISBN 83-7278-042-0

Bezpieczna kryjówka
Corrie Ten Boom
Wyd. Słowo Prawdy

Sesja 4

Na czym opiera się nasza wiara

„... gdy ktoś nawraca się do Chrystusa, staje się nowym człowiekiem. Nie jest już tym, kim był, bo to, co stare minęło. Zaczyna nowe życie!" (2 Koryntian 5,17, LNT)

Ale doświadczenia ludzi różnią się. Niektórzy dostrzegają w sobie natychmiastową zmianę. U innych ten proces przebiega wolniej.

- Kiedy przyjęliśmy Chrystusa, staliśmy się dziećmi Bożymi
- Bóg chce, abyśmy byli tego pewni

„O tym napisałem do was, którzy wierzycie w imię Syna Bożego, abyście wiedzieli, że macie życie wieczne"

(1 JANA 5,13)

Wiara nie jest skokiem na oślep. To krok do przodu uczyniony w obliczu przekonującego materiału dowodowego.

....

....

....

....

1. SŁOWO BOGA

Nie powinniśmy polegać tylko na naszych uczuciach, które mogą się zmieniać, a czasem nawet zawodzić, lecz raczej na Bożych obietnicach.

- „Wejdę do niego" (Apokalipsa 3,20)
- „Jestem z wami przez wszystkie dni" (Mateusz 28,20)
- „Ja daję im życie wieczne" (Jan 10,28)

Wiara = uchwycenie się Bożych obietnic i zaufanie im.

2. DZIEŁO JEZUSA

Nie jesteśmy w stanie zasłużyć na Boże przebaczenie, lecz Jezus Chrystus umarł na krzyżu, abyśmy mogli zostać pojednani z Bogiem.

- Dar Boga (Rzymian 6,23)
- Bóg nas kocha i umarł, aby tego dowieść (Jan 3,16)
- On wziął na siebie nasze grzechy (Izajasz 53,6; 2 Koryntian 5,21)

3. ŚWIADECTWO DUCHA

Kiedy ktoś staje się chrześcijaninem, Boży Święty Duch przychodzi, aby w nim żyć (Rzymian 8,9).

- **On przemienia nas od wewnątrz**
  - nasz charakter (Galatów 5,22–23)
  - nasze relacje
  - nasze poczucie bezpieczeństwa

- **Wnosi głębokie, osobiste przekonanie, że jesteśmy dziećmi Boga**
  - (Rzymian 8,15–16)

Poniżej znajduje się przykład prostej modlitwy, na której możemy się wzorować, gdy chcemy nawiązać przyjaźń z Jezusem:

**Panie Jezu Chryste,
Przepraszam Cię za każde zło,
które popełniłem w moim życiu
(poświęć kilka chwil, aby poprosić
o przebaczenie wszystkich konkretnych
grzechów, które wyrzuca ci sumienie)
Proszę, przebacz mi. Odwracam się teraz
od wszystkiego, co jest złe.
Dziękuję Ci, że umarłeś za mnie na krzyżu,
abym mógł otrzymać przebaczenie i wolność.
Dziękuję Ci za przebaczenie i dar
Twojego Ducha. Przyjmuję teraz ten dar.
Proszę, wejdź do mojego życia przez swojego
Świętego Ducha, by pozostać
ze mną na zawsze.
Dziękuję Ci, Panie Jezu.
Amen.**

LEKTURA

Uciekaj, mały uciekaj
Nicky Cruz
Instytut Wydawniczy AGAPE
ISBN 83-85427-55-4

Krzyż i sztylet
David Wilkerson
Instytut Wydawniczy AGAPE
ISBN 83-85427-34-1

Łaska
Terry Virgo
Wyd. ESPRIT
ISBN 978-83-61989-74-5

Sesja 5

modlić

Dlaczego i jak się

1. CZYM JEST CHRZEŚCIJAŃSKA MODLITWA?

- **Najważniejsza czynność w naszym życiu**
  - (Efezjan 2,18)
- **Do Ojca (Mateusz 6)**
  - „Do Ojca twego" (w. 6)
  - „w niebie" (w. 9)
- **Przez Syna**
- **W Duchu Świętym**

2. DLACZEGO SIĘ MODLIMY?

- **Przykład Jezusa (Marek 1,35)**
  - „kiedy się modlisz" (Łukasz 6,12; 9,18.28; 11,1)
- **Rozwijanie więzi z Bogiem**
- **Korzyści modlitwy**
  - pokój (Filipian 4,6–7)
  - perspektywa
  - moc
- **Skutki modlitwy (Mateusz 7,7–11)**

> **„Kiedy się modlę, zdarzają się zbiegi okoliczności, a kiedy się nie modlę, nie ma ich."**
>
> WILLIAM TEMPLE,
> BYŁY ARCYBISKUP CANTERBURY

3. CZY BÓG ZAWSZE ODPOWIADA NA MODLITWĘ?

- Tak – natychmiastowa odpowiedź
- Nie – z oczywistych powodów
- Poczekaj – właściwy moment

4. JAK SIĘ MODLIĆ?

A: adoration - uwielbienie
C: confession - wyznanie grzechów
T: thanksgiving - dziękczynienie
S: supplication - prośba

- **Modlitwa Pańska jako wzorzec (Mateusz 6,9–13)**
  - „Ojcze nasz, który jesteś w niebie" (w. 9)
  - „niech się święci Imię Twoje" (w. 9)
  - „niech przyjdzie Twoje Królestwo" (w. 10)
  - „niech się spełni Twoja wola jak w niebie, tak i na ziemi" (w. 10)
  - „naszego chleba powszedniego daj nam dzisiaj" (w. 11)
  - „przebacz nam nasze winy, tak jak i my przebaczamy" (w. 12)
  - „nie dopuść, abyśmy ulegli pokusie, ale nas zachowaj od złego" (w. 13)

....

....

....

....

....

5. KIEDY POWINNIŚMY SIĘ MODLIĆ?

- **Zawsze**
  - (1 Tesaloniczan 5,17)
  - (Efezjan 6,18)
- **Indywidualnie (Mateusz 6,6)**
  - regularnie
  - w najlepszym czasie (Marek 1,35)
- **Z innymi**
  - (Mateusz 18,19)

LEKTURA

Zbyt zajęci, by się nie modlić
Bill Hybels
Wyd. ESPRIT
ISBN 83-60040-15-X

....

....

....

....

....

....

....

....

Sesja 6

Dlaczego i jak czytać Biblię

- Wyjątkowo popularna
- Wyjątkowo cenna
- Wyjątkowo skutecznal

„Nie samym chlebem żyje człowiek, ale każdym słowem, które pochodzi z ust Bożych.” (Mateusz 4,4)

1. DOSTARCZA OBJAWIENIA - BÓG PRZEMÓWIŁ

- Biblia - znaczy „księga” – zbiór ksiąg napisanych przez ponad 40 autorów w ciągu ponad 1 500 lat
- Natchniona: zainspirowana przez Boga

A co z trudnościami w Biblii?

- (2 Tymoteusza 3,16–17)
- Użyteczna: podręcznik życia
  - udziela wskazówek dla zdrowego życia
  - prowadzi do dobrych decyzji

....

....

....

....

....

....

....

2. BUDUJE RELACJE - BÓG MÓWI

„Biblia to nic innego jak mówienie o Bożej miłości do nas."

ŚW. AUGUSTYN

- **Do tych, którzy odkrywają wiarę (Rzymian 10,17; Jan 20,31)**
- **Do tych, którzy są chrześcijanami**
  - podobieństwo do Jezusa (2 Koryntian 3,18)
  - radość i pokój pośród burzy (Psalm 23,5)
  - prowadzenie (Psalm 119,105)
  - zdrowie/uzdrowienie (Przysłów 4,20–22)
  - obrona przed duchowymi atakami (Mateusz 4,1–11)
  - moc (Hebrajczyków 4,12)
  - oczyszczenie (Jan 15,3)

3. W JAKI SPOSÓB BÓG MÓWI DO NAS PRZEZ BIBLIĘ?

- **Czas**
  - zaplanuj wcześniej
  - bądź regularny

- **Miejsce**
  - „odosobnione" (Marek 1,35)

- **Metoda**
  - proś Boga, by mówił do ciebie
  - przeczytaj krótki fragment
  - czytaj przypisy
  - Biblia w Jeden Rok

- Zadaj sobie pytania:
  - o czym tu jest mowa?
  - co to oznacza?
  - jak to zastosować?

- Pomódl się w oparciu o to
- Zastosuj to w swoim życiu

„Każdego, kto tych słów moich słucha i wypełnia je ..." (Mateusz 7,24).

....

....

....

....

LEKTURA

Pismo Święte Nowego Testamentu i Psalmy
Przekład ekumeniczny, Towarzystwo Biblijne w Polsce
ISBN 83-85260-27-7

Pismo Święte Starego i Nowego Testamentu
Wyd. Pallotinum
ISBN 83-7014-419-5

Jak czytać Biblię?
Gordon Fee, Douglas Stuart
Wyd. J. R. Szorc
ISBN 83-86247-04-5

Przewodnik po Biblii
David Pat Alexander
OW Vocatio
ISBN 83-71460-10-4

Sesja 7

W jaki sposób Bóg nas prowadzi

Dlaczego angażować Boga w decyzje, które podejmujemy?

- **Bóg obiecuje nas prowadzić**
  - (Psalm 32,8)
  - (Jan 10,3.4.27)

- **Bóg ma dobry plan dla naszego życia**
  - (Jeremiasz 29,11)
  - (Rzymian 12,2)
  - (Jan 10,10.15)

- **Jezus szukał prowadzenia**
  - (Izajasz 30,1–2)

- **Powinniśmy mieć postawę pokory**
  - „Jestem służebnicą Pańską i jestem gotowa na wszystko, co podoba się mojemu Panu" (Łukasz 1,38 LNT)

W jaki sposób Bóg nas prowadzi?

1. AUTORYTET PISMA ŚWIĘTEGO

- **Ogólna wola**
  - ogólne wskazówki co do małżeństwa, pracy, pieniędzy, dzieci, krewnych w starszym wieku (2 Tymoteusz 3,16)

- **Szczegółowa wola**
  - konkretny werset może przynieść światło (Psalm 119,105.130–133)

2. PRZYNAGLENIA DUCHA ŚWIĘTEGO

„Znają Jego głos" (Jan 10,3-4; Dzieje 16,7)

- **Bóg mówi, gdy się modlimy (Dzieje 13,1–3)**
  - dobra myśl
  - silne wrażenie
  - odczucia

- **Silne pragnienie zrobienia czegoś**
  - „Bóg sprawia, że pragniecie i działacie według Jego upodobania" (Filipian 2,13)

- **Czasami prowadzi nas w bardziej niezwykły sposób**
  - proroctwo, np. Agabos (Dzieje 11,27.28. 21,10.11)
  - sny (Mateusz 1,20)
  - wizje/obrazy (Dzieje 16,10)
  - aniołowie (Rodzaju 18; Mateusz 2,19; Dzieje 12,7)
  - słyszalny głos (1 Samuela 3,4–14)

- **Wymaga weryfikacji (1 Jana 4,1)**
  - czy to wyraża miłość? (1 Jana 4,16)
  - czy nie jest sprzeczne z Biblią?
  - czy jest to umacniające, zaczęcające i pocieszające? (1 Koryntian 14,3)
  - czy przynosi pokój Boży? (Kolosan 3,15)

3. ZDROWY ROZSĄDEK

„Nie bądźcie bezrozumni jak konie czy muły, które można okieznać wędzidłem i uzdą" (Psalm 32,8–9).

- „Rozważ, co mówię, Pan bowiem sprawi, że zrozumiesz wszystko" (2 Tymoteusza 2,7)
- „Boże obietnice prowadzenia nas nie zostały dane po to, by oszczędzić nam trudu myślenia" (John Stott)

4. PORADA ŚWIĘTYCH

- „... kto rady usłucha, jest mądry" (Przysłów 12,15)
- „Gdzie nie ma narady, nie udają się zamysły, lecz gdzie jest wielu doradców, tam jest powodzenie" (Przysłów 15,22)
- „Dzięki dobrej radzie plany się udają" (Przysłów 20,18)

Ale:
- Kto ponosi odpowiedzialność?
- Z kim powinniśmy się konsultować?

5. OKOLICZNOŚCI

- „Serce człowieka obmyśla drogę, lecz Pan kieruje jego krokami" (Przysłów 16,9; Psalm 37,5)
- Czasami Bóg zamyka drzwi (Dzieje 16,7)
- Czasami Bóg otwiera drzwi (1 Koryntian 16,9)
- Obserwuj okoliczności, ale nie przykładaj do nich zbytniej wagi
- Czasem musimy wytrwać pomimo okoliczności

„A ponieważ Abraham okazał się cierpliwy, osiągnął to, co zostało obiecane"

(HEBRAJCZYKÓW 6,15)

- Bądź cierpliwy
- Wszyscy popełniamy błędy – Bóg je wybacza (Joel 2,25)
- Bóg zawsze chce naszego dobra (Rzymian 8,28)

....

....

....

....

....

....

....

....

....

....

....

LEKTURA

Boże prowadzenie
Bob Mumford
Wyd. „Petros”
ISBN 978-83857-5913-1

Sesja 8

Kim Jest Duch Święty

Przez długi czas w Kościele osoba Ducha Świętego i Jego dzieła były:

- Ignorowane
  - czasami skupiano się bardziej na Ojcu i Synu, ale Duch Święty jest biblijną, trzecią osobą Trójcy
- Nierozumiane
  - słowo „duch" (ang. ghost) może sugerować nieosobową moc. Ale Duch Święty jest osobą, nie „czymś"
- Odpierane
  - lęk przed tym, co czyni, ale Duch Święty jest łagodny

1. BYŁ ZAANGAŻOWANY W DZIEŁO STWORZENIA

- Uczynił porządek z chaosu (Rodzaju 1,1–2)
- Dał życie człowiekowi (Rodzaju 2,7)

2. ZSTĘPOWAŁ NA KONKRETNYCH LUDZI, W KONKRETNYCH MOMENTACH DLA WYKONANNIA KONKRETNEGO ZADANIA

- Besaleel – praca artystyczna (Wyjścia 31,1–5)
- Gedeon – przywództwo (Sędziów 6,14–16)
- Samson – siła (Sędziów 15,14–15)
- Izajasz – proroctwo (Izajasz 61,1–3)

....

....

....

3. BYŁ OBIECANY PRZEZ OJCA

- Obietnica „czegoś nowego"
  - „... wszyscy poznają Mnie" (Jeremiasz 31,31–34)
  - „Ducha nowego tchnę do waszego wnętrza" (Ezechiel 36,26–27)
  - „rzeka życia wypływająca spod progu świątyni" (Ezechiel 47)
  - „Wyleję Ducha mego na wszelkie ciało" (Joel 2,28–29)

Jednak proroctwa te pozostawały niewypełnione przez co najmniej 300 lat.

Wraz z przyjściem Jezusa obserwujemy wzmożoną aktywność Ducha Świętego.

- Ale wciąż dotyczy to kilku, konkretnych osób:
  - Jan Chrzciciel (Łukasz 1,15)
  - Maria (Łukasz 1,35)
  - Elżbieta (Łukasz 1,41)
  - Zachariasz (Łukasz 1,67)
  - Symeon (Łukasz 2,25–27)

4. JAN CHRZCICIEL ŁĄCZY GO Z JEZUSEM (Łukasz 3,16)

gr. „baptidzo" = pogrążać, zanurzać, zatapiać, zamoczyć.

- Jezus, człowiek napełniony Duchem
  - Jezus otrzymał moc dzięki namaszczeniu Ducha Świętego podczas chrztu (Łukasz 3,22; Łukasz 4,1.14.18)

5. JEZUS ZAPOWIADA JEGO PRZYJŚCIE (Jan 7,37-38)

Polecił uczniom czekać w mieście, aż zostaną przyobleczeni mocą z wysoka (Łukasz 24,49; Dzieje 1,4.5.8; Dzieje 2,2–4).

- W dniu Pięćdziesiątnicy uczniowie zostali napełnieni Duchem i otrzymali:
  - nowe języki (Dzieje 2,4–12)
  - nową odwagę (Dzieje 2,14)
  - nową moc (Dzieje 2,37–41)

„Gdy to usłyszeli, przejęli się do głębi serca; Cóż mamy czynić, bracia? - zapytali Piotra i pozostałych Apostołów ... i przyłączyło się owego dnia około trzech tysięcy dusz."

(DZIEJE 2,37.41)

Żyjemy w epoce Ducha Świętego. Bóg obiecał dać swego Ducha każdemu chrześcijaninowi (Dzieje 2,37–39).

LEKTURA

Odkrywanie Ducha Świętego
J.Kudasiewicz
Wyd. JEDNOŚĆ
ISBN 83-7224-176-7

Sesja 9

Co czyni Duch Święty

- Nowe narodzenie (Jan 3,3–8)
- Narodziny w rodzinie

1. SYNOWIE I CÓRKI BOGA

- **Przebaczenie (Rzymian 8,1.2)**
- **Adopcja (Rzymian 8,14–17)**
  - największy przywilej (w. 14)
  - najściślejsza zażyłość (w. 15)
  - najgłębsze doświadczenie (w. 16)
  - największe bezpieczeństwo (w. 17)

2. POGŁĘBIANIE WIĘZI (Efezjan 2,18)

- Pomaga nam się modlić (Rzymian 8,26)
- Pomaga nam zrozumieć Słowo Boże (Efezjan 1,17–18)

3. RODZINNE PODOBIEŃSTWO

- (2 Koryntian 3,18)
- (Galatów 5,22–23)

4. JEDNOŚĆ W RODZINIE

- (Efezjan 4,3–6)

5. DARY DLA WSZYSTKICH DZIECI

Każdy członek rodziny jest inny (1 Koryntian 12,4–11)

- Darmowe dary
- Dla każdego
- Dla wspólnego dobra

6. ROSNĄCA RODZINA

- Uzdalnia nas do bycia świadkami Chrystusa
- Daje moc do służby (Dzieje 1,8)

LEKTURA

Trzecia Godzina Dnia
Dennis J. Bennet
Zjednoczon

Jakby nowa Pięćdziesiątnica
P. Gallagher Mansfield
Wyd. Księży Marianów
ISBN 83-85040-83-8

Sesja 10

Jak zostać napełnionym Duchem Świętym

Każdy chrześcijanin ma Ducha Świętego (Rzymian 8,9), ale nie każdy chrześcijanin jest wypełniony Duchem Świętym

Pięć kategorii ludzi:

1. **Spragnieni** (Pięćdziesiątnica – Dzieje 2,2–4)
2. **Otwarci** (Samaria – Dzieje 8,14–23)
3. **Wrodzy** (Paweł – Dzieje 8,1.3; 9,1–2)
4. **Niedoimformowani** (Efezjan – Dzieje 19,1–6)
5. **Nieoczekiwani** (Poganie – Dzieje 10,44–47)

Co przydarzyło się Korneliuszowi i jego domownikom, kiedy Duch Święty zstąpił na nich? (Dzieje 10,44–46)

1. DOŚWIADCZYLI MIŁOŚCI BOGA

„... Duch święty zstąpił na wszystkich, którzy słuchali nauki... Wtedy odezwał się Piotr: ... otrzymali Ducha Świętego tak samo jak my" (Dzieje 10,44–47).

- Doświadczenia ludzi są różne:
  - (Rzymian 5,5)
  - (Efezjan 3,14–19)

2. WYRAZILI SWĄ MIŁOŚĆ DO BOGA

„Słyszeli bowiem, że wielbili Boga" (Dzieje 10,46).

- Obawa przed emocjami
- Wszystkie relacje powinny obejmować uczucia
- Użycie prywatne czy publiczne
- Emocje czy emocjonalizm

3. OTRZYMALI NOWY JĘZYK

„Słyszeli bowiem, że mówili językami” (Dzieje 10,46).

- **Nie wszyscy chrześcijanie mówią językami**
  - nie jest to konieczny znak napełnienia Duchem Świętym
  - nie ma chrześcijan pierwszej i drugiej klasy
  - nie jest to najważniejszy dar

- **Czym jest dar języków?**
  - języki ludzi lub aniołów (1 Koryntian 13,1)
  - forma modlitwy (1 Koryntian 14,2)
  - budowanie samego siebie
  - przekraczanie bariery językowej (1 Koryntian 14,14)
  - modlący zachowuje pełną kontrolę

- **W czym pomaga?**
  - uwielbienie
  - modlitwa za siebie
  - modlitwa za innych

- **Czy Nowy Testament to aprobuje? (1 Koryntian 14)**
  - kontekst: przesada w publicznym używaniu
  - jednakże ... (w. 5, 18, 39)
  - prywatnie czy publicznie

- **Jak otrzymać ten dar?**
  - usilnie pragnijmy (1 Koryntian 14,1)
  - prośmy Boga
  - współpracujmy z Duchem Świętym
  - wierzmy, że otrzymamy
  - bądźmy wytrwali

Trzy najczęstsze przeszkody (Łukasz 11,9–13):

1. **Wątpliwości** (w. 9–10)
2. **Lęk** (w. 11–13)
3. **Poczucie bycia niegodnym** (w. 13)

Zapewnienia Jezusa:

„(...) o ileż bardziej Ojciec z nieba udzieli Ducha Świętego tym, którzy Go proszą"

(ŁUKASZ 11,9-13)

....

....

....

....

....

....

....

....

....

LEKTURA

Tajemnica Pięćdziesiątnicy
Raniero Cantalamessa
Wyd. św. Antoniego
ISBN 97-88391-279-51-9

Inicjacja Chrześcijańska a chrzest w Duchu Świętym
K. Mc Donnel, G. T. Montague
Wydawnictwo M
ISBN 83-87243-30-2

Sesja 11

Jak najpełniej przeżyć

życie

1. CO POWINNIŚMY ZROBIĆ?

- **Zerwać z przeszłością**
  - „Nie bierzcie więc wzoru z tego świata" (Rzymian 12,2)
  - „Nie pozwalajcie, aby świat, wciskał was w swoją formę" (Rzymian 12,2 J. B. Phillips)[2]

- **Nowy początek**
  - „Niech Bóg przemieni was wewnętrznie, dokona całkowitej zmiany" (NEB)

2. JAK TO ZROBIĆ?

- „Składajcie swoje ciała ..."
- Akt woli
  - uszy
  - oczy
  - usta
  - ręce
  - płciowość
  - czas
  - ambicje(Mateusz 6,33)
  - pieniądze
- „... jako żywą ofiarę"
  - to wymaga poświęcenia
  - to może wiązać się z cierpieniem

3. DLACZEGO POWINNIŚMY TO ZROBIĆ?

- Ze względu na to, co Bóg zaplanował dla nas w przyszłości
  - Jego wola jest dobra, miła i doskonała (por. Rzymian 12,2)

- Ze względu na to, co Bóg dla nas uczynił
  - biorąc pod uwagę miłosierdzie Boga

LEKTURA

Nasze życie poddane Chrystusowi
Raniero Cantalamessa
Wydawnictwo M
ISBN 83-86106-32-8

Sesja 12

Jak przeciwstawiać się złu

1. DLACZEGO POWINNIŚMY WIERZYĆ, ŻE DIABEŁ ISTNIEJE? (Rzymian 12,21)

- **Pismo Święte: Biblia mówi o osobowej, duchowej istocie aktywnej w swoim buncie przeciwko Bogu**
  - Stary Testament (Izajasz 14; Hiob 1; 1 Kronik 21,1)
  - Jezus (Łukasz 10,17–20)
  - Piotr (1 Piotra 5,8–11)
  - Paweł (Efezjan 6,11–12)

- **Tradycja: Chrześcijanie w ciągu wieków wierzyli w jego istnienie**
  - Ojcowie Kościoła
  - reformatorzy
  - zwykli chrześcijanie

- **Rozum: To wyjaśnia świat jaki widzimy wokół siebie**
  - dlaczego dzieją się złe rzeczy?

- **Unikamy dwóch skrajności**
  - niewiary i niezdrowego zainteresowania

2. JAKA JEST TAKTYKA DIABŁA?
(Rodzaju 3)

- **Cel - zniszczenie (Jan 10,10)**

- **Zwątpienie**
  - (Rodzaju 3,1)
  - (Mateusz 4,3-6)

- **Kuszenie (Rodzaju 2,16–17)**
- **Oskarżanie**
  - oskarżanie Boga wobec nas
  - oskarżanie nas wobec Boga (Apokalipsa 12,10)

3. JAKA JEST NASZA POZYCJA?
(Kolosan 1,13)

- Szatan został pokonany na krzyżu (Kolosan 2,15)
- Uczniowie Jezusa otrzymali władzę nad demonami (Łukasz 10:17–20)

4. W JAKI SPOSÓB MOŻEMY SIĘ BRONIĆ?
(Efezjan 6)

„Przywdziejcie pełną zbroję Bożą, abyście mogli stawić czoła zasadzkom diabła" (Efezjan 6,11).

....

....

....

Sześć praktycznych rad:

1 SKONCENTRUJ SIĘ NA JEZUSIE
Pas prawdy (w. 13–14)
- Utwierdzenie w chrześcijańskiej doktrynie/prawdzie, aby odpierać kłamstwa Szatana (Jan 8,32)

DBAJ O DOBRE RELACJE Z INNYMI 2
Pancerz sprawiedliwości (w. 14)
- Dana nam została sprawiedliwość Chrystusa (Filipian 3,9)
- Ochrona serca przed poczuciem winy i potępienia

3 BĄDŹ ZAANGAŻOWANY W SŁUŻBĘ
Buty dobrej nowiny o pokoju (w. 15)
- Gotowość mówienia o Chrystusie (Izajasz 52,7–10)

ZACHOWAJ UFNOŚĆ W TRUDNYM CZASIE 4
Tarcza wiary (w. 16)
- Przeciwieństwo cynizmu i sceptycyzmu

5 ZWYCIĘŻAJ W WALKACH UMYSŁU
Hełm zbawienia (w. 17)
- Przeszłość, teraźniejszość, przyszłość
- Ochrona umysłu przed zwątpieniem i oskarżeniem

POZNAWAJ BIBLIĘ 6
Miecz Ducha (w. 17)
- Słowo Boże
- Jedyny ofensywny element zbroi (Hebrajczyków 4,12)

5. W JAKI SPOSÓB MOŻEMY ATAKOWAĆ?

- **Modlitwą (Efezjan 6,18)**
  - „oręż naszej walki nie jest z ciała, lecz z mocy Boga, dla burzenia warownych twierdz" (2 Koryntian 10,4)

- **Działaniem (Łukasz 7,22)**
  - głoszenie Ewangelii
  - wyrzucanie złych duchów
  - uzdrawianie chorych, itp.

LEKTURA

Listy starego diabła do młodego
C. S. Lewis
Media Rodzina
ISBN 83-85427-27-9

Rozmowy z diabłem
Leszek Kołakowski
Prószyński i S-ka
ISBN 978-83-7648-208-8

Sesja 13

Dlaczego i jak mówić innym o Jezusie

Dlaczego mówić innym?

- Jezus nam to polecił (Mateusz 28,18–20)
- Dobre wiadomości szybko się roznoszą
- Ewangelia = dobra nowina
- Potrzeby innych
- Dwa przeciwstawne niebezpieczeństwa
  - niewrażliwość
  - lęk

Jak mówić innym?

1. OBECNOŚĆ (Mateusz 5,13–16)

- Jesteśmy powołani, by być solą i światłem (w. 13–14)
- Kiedy ludzie wiedzą, że jesteśmy chrześcijaninami, przyglądają się naszemu życiu (w. 16), np. współmałżonek

„... aby, nawet wtedy, gdy niektórzy nie podporządkowują się Słowu, dzięki postępowaniu żon, bez słowa zostali pozyskani, gdy zobaczą wasze pełne bojaźni, czyste, postępowanie” (1 Piotra 3,1–2).

2. PRZEKONYWANIE

„Wiedząc, zatem co to jest bojaźń Pana, przekonujemy ludzi” (2 Koryntian 5,11).

- Opracuj odpowiedzi na częste pytania (1 Piotra 3,15)
  - np.: „A co z innymi religiami?” i „Jak Bóg, który jest miłością, może dopuszczać cierpienie?”

3. GŁOSZENIE

- Nie wszyscy zostali powołani na „ewangelistów", ale wszyscy zostaliśmy powołani, by dawać świadectwo (w. 41)

4. MOC (1 Tesaloniczan 1,5)

- Cuda wzbudzają wielkie zainteresowanie! (Dzieje 3)

5. MODLITWA

- Za zaślepionych - by mogli przejrzeć (2 Koryntian 4,4)
- Za samych siebie - o odwagę (Dzieje 4,29–31)
- Za innych (Rzymian 10,1)

6. WYTRWAŁOŚĆ

- Nie poddawaj się (Marek 4,15–20)

LEKTURA

Co nas nurtuje?
Nicky Gumbel
Stowarzyszenie Alpha Polska
ISBN 978-83-604552-23-7

DODATEK

Przygotowanie świadectwa

- **Krótkie:**
  - po 3 minutach ludzie się wyłączają
- **Osobiste:**
  - nie pouczaj - mów „ja" lub „my", a nie „ty/wy"
- **Stawiaj Chrystusa w centrum:**
  - ludzie mają pójść za Nim, nie za tobą
- **Treść:**
  - trochę o twoim poprzednim życiu
  - o tym, jak nawiązałeś osobistą więź z Jezusem
  - o tym, jakie ma to znaczenie teraz
- **Spisane:**
  - przelanie na papier pozwala łatwiej ogarnąć całość!

Sessja 14

Czy Bóg dzisiaj uzdrawia

1. UZDROWIENIE W BIBLII

- **Stary Testament**
  - obietnice Boże (np. Wyjścia 23,25–26; Psalm 41,3)
  - charakter Boga
  - przykłady uzdrowienia przez Boga (2 Królewska 5; Izajasz 38–39)

- **Służba Jezusa**
  - Jego nauczanie
  - Jego uzdrowienia
  - Jego nakaz

2. UZDROWIENIE W HISTORII KOŚCIOŁA

Wiele przykładów uzdrowień i cudów (Dzieje 3,1–10; Dzieje 5,12–16).

- Historia pierwotnego Kościoła
  - np.: Ireneusz (140–203), Orygenes (ok. 185–254), Augustyn (354–430)

....

....

....

....

....

....

....

3. UZDROWIENIE DZISIAJ

- Prostota

- Miłość (Mateusz 9,36; Marek 1,41)

- Dar słowa poznania
  - obraz
  - współodczuwanie bólu
  - wrażenia
  - słyszenie lub widzenie słów

- Modlitwa
  - gdzie boli?
  - skąd się wzięła ta dolegliwość?
  - jak będę się modlić?
  - jak (ta osoba) się czuje?
  - co dalej?

LEKTURA

Uzdrowienie chorych
F. MacNutt
Instytut im. T. B. Barratta

Jezus żyje
E. Tardif
SWD OTTONIANUM
ISBN 83-7041-020-0

Uzdrowienie z mocą
J. Wimber, K. Springer
Wyd. Kairos

Rozdarta zasłona
T. Sangster
Wyd. Absolutnie Fantastyczne
ISBN 978-83-936226-9-6

....

....

....

....

....

....

....

....

....

Sesja 15

A co z Kościołem

Czym jest Kościół?

- Błędne wyobrażenia:
  - kościół = nabożeństwo
  - kościół = duchowieństwo
  - kościół = wyznanie
  - kościół = budynek

1. LUD BOŻY
(1 Piotra 2,9-10)

- Greckie słowo „ekklesia” = zebranie, zgromadzenie ludzi
- Kościół/Królestwo
- Chrzest jest widzialnym znakiem przynależności do Kościoła

Chrzest oznacza:
- Oczyszczenie z grzechu (1 Koryntian 6,11)
- Włączenie w śmierć i zmartwychwstanie Chrystusa (Rzymian 6,3–5; Kolosan 2,12)
- Opieczętowanie przez Ducha (1 Koryntian 12,13)

Kościół powszechny (Efezjan 3,10.21; 5,23.25)
- obecnie na świecie jest 2,2 miliarda chrześcijan
  - Kościół prześladowany
  - trzeci świat
  - tzw. wolny świat

Kościoły lokalne
„Kościoły galackie” (1 Koryntian 16,1).

„Kościoły w Azji Mniejszej” (1 Koryntian 16,19).

„Wszystkie Kościoły Jezusa Chrystusa” (Rzymian 16,16).

- Komórka (Kościół domowy)
  - mała grupa (4–12 osób)
  - bliscy przyjaciele
  - dyskrecja
  - bliskość
  - wzajemna odpowiedzialność (1 Jana 4,19)

- Wspólnota/kongregacja
  - grupa pastoralna (12–50 osób)
  - na tyle mała, by znali się wszyscy
  - posługiwanie sobie nawzajem (Efezjan 4,12)
  - ćwiczenie darów Ducha (1 Koryntian 12,7–11)
  - grupa otwarta

- Uroczyste zgromadzenie
  - okazje świąteczne (Boże Narodzenie, Wielkanoc, Zesłanie Ducha Świętego)
  - poczucie Bożego majestatu
  - słabość: trudno się z kimś zaprzyjaźnić

2. BOŻA RODZINA
(1 Jan 5,1)

- Bracia i siostry dla siebie nawzajem (1 Jan 4,19–5,1)
- Bóg naszym Ojcem (Jan 1,12)
- Znaczenie jedności
- Jezus modlił się „... aby byli jedno" (Jan 17,11)
- „Starając się zachować jedność Ducha we wzajemnej więzi" (Efezjan 4,3)

> **„W sprawach ważnych jedność, w dyskusyjnych wolność, a we wszystkim miłość”**
>
> **RUPERTUS MELDENIUS**

- Wierność (Galatów 6,10)
- Przebaczenie (Mateusz 18,15.35; 5,23–24)
- Wspólnota (Dzieje 2,42–47)
  - wspólnota z Bogiem – Ojcem, Synem i Duchem Świętym (1 Jana 1,3.2; Koryntian 13,14)
  - ze sobą nawzajem (1 Jana 1,7; Hebrajczyków 10,24–25)

3. CIAŁO CHRYSTUSA
(1 Koryntian 12,1-27)

„Szawle, Szawle, dlaczego mnie prześladujesz?” (Dzieje 9,4).

- Jedność (Efezjan 4,3–6)
- Różnorodność (w 7–11)
- Wzajemna zależność (w.14–26)

4. ŚWIĄTYNIA
(Efezjan 2,19–22)

- Zbudowana na fundamencie apostołów i proroków (w. 20)
- Nowy Testament
- Jezus jako kamień węgielny (w. 20)
- Mieszkanie Ducha Bożego (w. 21) „Świątynia"

5. OBLUBIENICA CHRYSTUSA
(Efezjan 5,25–27.32)

- Miłość Chrystusa do Kościoła (w. 25)
- Cel Chrystusa dla Jego kościoła (w. 27) (Apokalipsa 21,2)
- Nasza odpowiedź (1 Piotra 2,9)
  - świętość
  - uwielbienie
  - świadczenie

LEKTURA

Nowe wspólnoty
F. Lenoir
Wyd. Księży Marianów
ISBN 83-85040-69-2

Wspólnota miejscem radości i przebaczenia
J. Vanier
EDITIONS SPOTKANIA
ISBN 83-85195-09-2

PRZYPISY

1. CHRZEŚCIJAŃSTWO PO PROSTU C. S. Lewis (2005)
   wyd. Media Rodzina
   ISBN: 978-83-7278-042-3

2. Reprinted by permission of HarperCollins Publishers Ltd. © (1973) (J. B. Phillips).

www.ingramcontent.com/pod-product-compliance
Lightning Source LLC
LaVergne TN
LVHW012355200826
845834LV00006B/21
* 9 7 8 8 3 6 0 4 5 2 2 7 1 *